**Bildnachweis Umschlag**
Vorderseite:
Großes Bild: Reichstag © philipus – Fotolia.com / Kinder vorne © godfer – Fotolia.com
Kleines Bild links oben: Kölner Dom © David J Engel – Fotolia.com
Kleines Bild mittig: Berlin © Artusius – Fotolia.com
Kleines Bild links unten: Leuchtturm © Jochen Sass – Fotolia.com

Rückseite:
Kleines Bild links: Brockenbahn © Christian Spiller – Fotolia.com
Kleines Bild mittig: Brandenburger Tor © ArTo – Fotolia.com
Kleines Bild rechts: Seenlandschaft © Elenathewise – Fotolia.com

Galileo KIDS

# Deutschland

## Kinderwissen und Faszination

Bild Kinder: © godfer – Fotolia.com
Bild Reichstag: © philipus – Fotolia.com
Deutschlandflagge © Kathrin39 – Fotolia.com

Nelson

# Inhalt

# Das ist Deutschland

# Deutschland

# Eckpfeiler der deutschen Geschichte

Auf diesen Seiten bekommst du eine kurze Zusammenfassung der wichtigsten Ereignisse deutscher Geschichte.

## 1815 – Deutscher Bund

Am 08. Juni 1815 wurde bei einer wichtigen Versammlung, dem Wiener Kongress, der Deutsche Bund gegründet. 41 deutsche Einzelstaaten schlossen sich zusammen. Innerhalb des Deutschen Bundes kam es aber schon bald zu Meinungsverschiedenheitenzwischen Preußen und Österreich, die schließlich am 11. Juni 1866 zum „Deutschen Krieg“ führten. Dieser Krieg bedeutete das Ende des Deutschen Bundes.

## 1866 – Norddeutscher Bund

Preußen gewann den „Deutschen Krieg“ und gründete den Norddeutschen Bund. Ursprünglich war es ein loses Militärbündnis, das aber 1867 zum ersten deutschen Bundesstaat wurde. König Wilhelm I. von Preußen war der Präsident dieses Bundes.

## 1871 – Deutsches Kaiserreich

Im Jahre 1871 wurde nach dem Sieg des Norddeutschen Bundes im Deutsch-Französischen Krieg das Deutsche Kaiserreich gegründet. König Wilhelm I. von Preußen wurde zum Deutschen Kaiser ernannt. Als er 1888 starb, wurde sein Enkel Friedrich Wilhelm Viktor Albert von Preußen zum neuen Deutschen Kaiser (Kaiser Wilhelm II.) gekrönt. Er war von 1888 bis 1918 der letzte Kaiser Deutschlands. Deutschland war damals die stärkste Macht in Europa.

## 1919 – Weimarer Republik

Der Erste Weltkrieg endete 1918 und Kaiser Wilhelm II. dankte nach 30 Jahren ab. 1919 wurde die Weimarer Republik ausgerufen und damit die erste Demokratie in Deutschland: Es herrschte also das Volk. Die Weltwirtschaftskrise 1929 und die damit verbundene Arbeitslosigkeit trugen maßgeblich zum Untergang der ersten deutschen Demokratie bei.

» 1815 – Deutscher Bund | 1866 – Norddeutscher Bund | 1871 – Deutsches Kaiserreich | 1919 – Weimarer Republik

Wiener Kongress 1815

König Wilhelm I.

Kaiser Wilhelm II.

Ausrufung der Weimarer Republik auf dem Balkon des Reichstages

## 1933 – Nationalsozialismus

Ab 1933 übernahm die Nationalsozialistische Deutsche Arbeiterpartei (NSDAP) die Macht in Deutschland. Diese errichtete unter ihrem „Führer“, Staats- und Parteichef Adolf Hitler, eine grauenhafte, menschenunwürdige Diktatur. Hitler löste durch den Angriff auf Polen am 1. September 1939 den Zweiten Weltkrieg aus. Es folgten sechs schreckliche Kriegsjahre, mit über 60 Millionen Toten und Massenmorden an mehr als sechs Millionen Juden in Europa. 1945 wurde Deutschland von den verbündeten Alliierten (USA, Sowjetunion, Großbritannien und Frankreich) endgültig besiegt.

## 1945 – Besatzungszonen

1945 war der Zweite Weltkrieg beendet, Hitler tot und die Regierungszeit der NSDAP vorbei. Deutschland wurde von den Siegermächten USA, Sowjetunion, England und Frankreich in vier Besatzungszonen, das sind besetzte Gebiete eines Staates, aufgeteilt.

## 1949 – Zwei Staaten

Deutschland wurde 1949 von den Siegermächten in zwei Staaten geteilt: die Bundesrepublik Deutschland (BRD) und die Deutsche Demokratische Republik (DDR).
1949 entstand auf der Grundlage des Grundgesetzes, also der deutschen Verfassung, die Bundesrepublik Deutschland aus den drei westlichen Besatzungszonen. Die Sowjetunion, die mittlerweile mit den drei westlichen Siegermächten zerstritten war, antwortete mit der Gründung der Deutschen Demokratischen Republik.

Auf der nächsten Seite geht es weiter »

**1933** – Machtübernahme durch die NSDAP und Hitler

© Dmytro Korniyenko – Fotolia.com

Hakenkreuz-Flagge – Symbol der NSDAP

**1945** – Aufteilung Deutschlands in vier Besatzungszonen

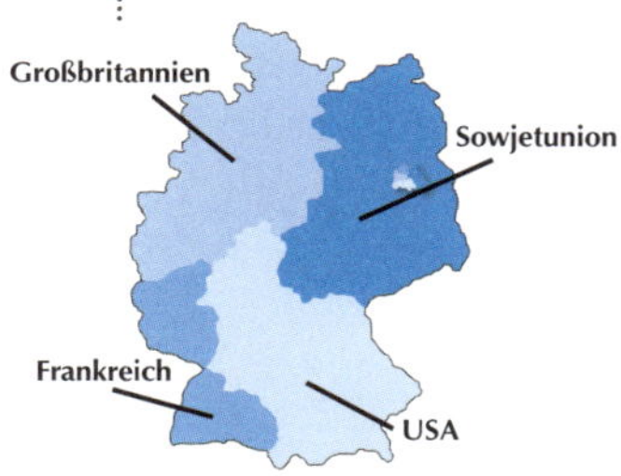


Deutschland aufgeteilt in vier Besatzungszonen

**1949** – Teilung Deutschlands in zwei Staaten

© Karsten Thiele – Fotolia.com

Teilung und Gründung zweier deutscher Staaten

**1990** – Mauerfall und Wiedervereinigung

© Michael Homann – Fotolia.com

Deutschland feiert die Wiedervereinigung

## 1990 – Wiedervereinigung

Seit 1952 errichtete die DDR eine stark gesicherte innerdeutsche Grenze, die die beiden deutschen Staaten voneinander trennte.

Diese Grenze erhielt zusätzlich noch eine fünf Kilometer breite Sperrzone, die man nur mit einer Sondergenehmigung passieren durfte. Weil aber die Grenze zwischen West- und Ostberlin schwer zu kontrollieren war, konnten immer noch viele DDR-Bürger nach Westberlin flüchten. Also ließ die DDR-Regierung ohne Vorwarnung eine Mauer um Westberlin bauen, die Berliner Mauer. So gab es für die Menschen keine Möglichkeit mehr, aus der DDR zu flüchten. Die Menschen waren jetzt im eigenen Land „eingesperrt". Immer wieder versuchten die Menschen mit waghalsigen Aktionen in die Bundesrepublik Deutschland zu flüchten. Viele wurden dabei an der Grenze von Grenzsoldaten erschossen.

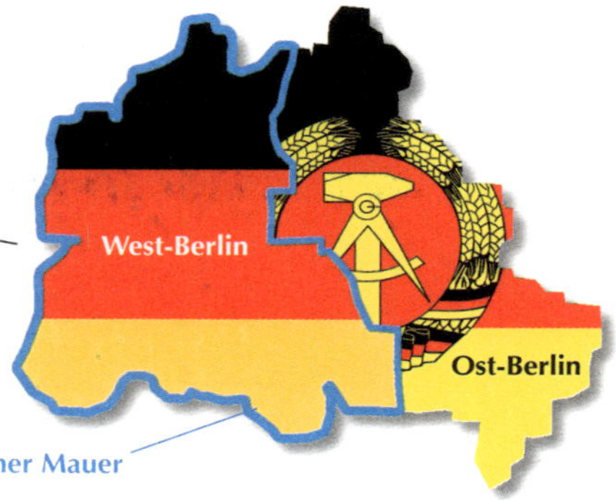


Die Führung der DDR beobachtete ihre Bürger und man durfte nicht seine freie Meinung äußern. Die Menschenrechte der DDR-Bürger wurden somit massiv eingeschränkt. Im Zuge des langsamen Zerfalls der Sowjetunion wurde die Wirtschaft der DDR mit den Jahren immer schwächer und die dort lebenden Menschen immer unzufriedener. Die Menschen in der DDR hatten kein Vertrauen mehr in ihre Regierung und kritisierten das System. Erich Honecker, der die DDR regierte, war aber nicht bereit auf die Bedürfnisse und Sorgen der Bürger einzugehen. Deshalb kam es immer häufiger zu Demonstrationen – die Menschen taten ihre Meinung und ihren Ärger in der Öffentlichkeit kund. Sie forderten mehr Rechte und Freiheit. So entstanden die berühmten, wöchentlich stattfindenden Montagsdemonstrationen, auf denen sich etwa 70.000 Menschen zusammenfanden. Im Sommer 1989 öffnete das Land

Ungarn seine Grenzen zu Österreich. Viele Menschen aus der DDR versuchten nun über diese Länder in die Bundesrepublik Deutschland zu flüchten. Die Führung der DDR fand für dieses Problem keine Lösung. Deshalb musste Erich Honecker am 18. Oktober 1989 sein Amt aufgeben. Was bewirkte, dass der Druck durch die Menschen noch stärker wurde und die neu gebildete Regierung der DDR am 07. November 1989 komplett zurücktrat. Zwei Tage später, am 09. November 1989, kam es zum Fall der Berliner Mauer. Viele tausend Menschen überquerten die Grenze nach Westdeutschland. Das Land, das seit 1949 in zwei Staaten geteilt war, wurde wieder ein Land. Durch intensive Gespräche mit den Siegermächten des Zweiten Weltkriegs, hat der damalige Bundeskanzler der Bundesrepublik Deutschland, Helmut Kohl, die Zustimmung der Siegermächte zur Wiedervereinigung Deutschlands erhalten, die am 03. Oktober 1990 offiziell vollzogen wurde. Deshalb nennt man ihn auch „Kanzler der Einheit“. Dieser besondere Feiertag heißt „Tag der deutschen Einheit“ und wird jedes Jahr gefeiert.

# Bundesländer

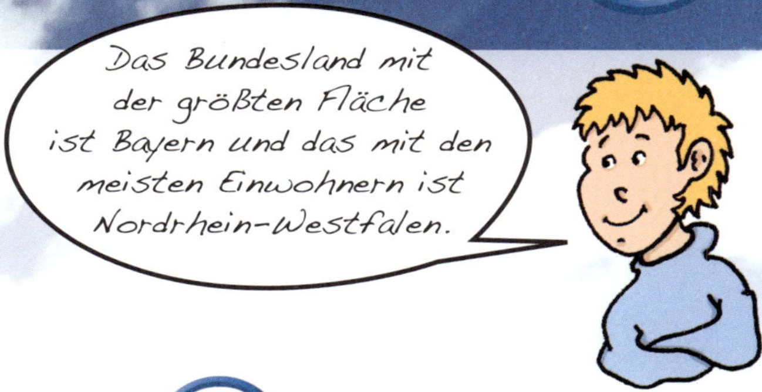


## Die 16 Bundesländer

Hier siehst du alle deutschen Bundesländer und ihre Hauptstädte.

**Schleswig-Holstein**
**Hauptstadt: Kiel**

**Mecklenburg-Vorpommern**
**Hauptstadt: Schwerin**

**Niedersachsen**
**Hauptstadt: Hannover**

**Bremen**
**Hauptstadt: Bremen**

**Hamburg**
**Hauptstadt: Hamburg**

**Brandenburg**
**Hauptstadt: Potsdam**

**Berlin**
**Hauptstadt: Berlin**

**Nordrhein-Westfalen**
**Hauptstadt: Düsseldorf**

**Sachsen-Anhalt**
**Hauptstadt: Magdeburg**

**Hessen**
**Hauptstadt: Wiesbaden**

**Thüringen**
**Hauptstadt: Erfurt**

**Sachsen**
**Hauptstadt: Dresden**

**Rheinland-Pfalz**
**Hauptstadt: Mainz**

**Saarland**
**Hauptstadt: Saarbrücken**

**Baden-Württemberg**
**Hauptstadt: Stuttgart**

**Bayern**
**Hauptstadt: München**

Schleswig-Holstein

# Das Land zwischen zwei Meeren

In Schleswig-Holstein gibt es 39 Leuchttürme. Hier siehst du den Leuchtturm Westerheversand.

# Schleswig-Holstein

Wer im nördlichsten Bundesland baden gehen möchte, hat die Wahl: sanft plätscherndes Wasser an den Sandstränden der Ostseeküste oder Ebbe und Flut an der Nordsee. Denn Schleswig-Holstein liegt genau zwischen diesen beiden Meeren. Einzigartig ist der Nationalpark Wattenmeer, der sich an der Westküste von der Grenze zu Dänemark bis zur Mündung der Elbe erstreckt.

## Holstentor

Das Holstentor ist das Wahrzeichen der Hansestadt Lübeck. Es gehörte zu der Befestigungsanlage, die die Stadt früher vor Feinden schützte. Heute ist in seinem Innern ein Museum für Stadtgeschichte untergebracht. Schon gesehen? Das berühmte Stadttor ist auf deutschen Zwei-Euro-Münzen zu sehen.

## Nord-Ostsee-Kanal

Der Nord-Ostsee-Kanal verbindet die Nordsee mit der Ostsee. Der Kanal erspart den Schiffen einen bis zu 900 km längeren Weg um die Nordspitze Dänemarks.

Der knapp 100 km lange Kanal durchquert Schleswig-Holstein von der Elbmündung an der Nordsee bis zur Kieler Förde an der Ostsee und ist damit die meistbefahrene künstliche Wasserstraße der Welt.

### Von Schafen und Deichen

Ein Deich ist ein künstlich angelegter Damm. Er schützt an den Küsten das tiefer liegende Gelände vor Sturmfluten und Überschwemmungen. Deiche bestehen meist aus einem Sandkern. Damit sie stabil bleiben, werden viele Deiche mit Gras bepflanzt. Auf den Deichen weiden häufig Schafe: Sie sorgen dafür, dass das Gras kurz bleibt, und trampeln den Boden fest.

## Windsurf World Cup

Der Windsurf World Cup Sylt ist mit mehr als 200.000 Zuschauern der weltweit größte Wettkampf der Windsurf-Profis. Seit 1984 findet er Ende September in Westerland auf der Insel Sylt statt.

## Nationalpark Wattenmeer

Der Nationalpark Schleswig-Holsteinisches Wattenmeer ist ein Nationalpark im Wattenmeer der Nordsee in Schleswig-Holstein. Mit einer Fläche von 4400 km² ist er mit Abstand der größte Nationalpark in Deutschland.

# Schleswig-Holstein

| | |
|---|---|
| **Name:** | Schleswig-Holstein |
| **Hauptstadt:** | Kiel |
| **Gründung:** | 23. August 1946 |
| **Fläche:** | 15.799,38 km² |
| **Einwohnerzahl:** | ca. 2.830.889 |
| **Bevölkerungsdichte:** | ca. 179 Einwohner pro km² |

**Landeswappen und Landesflagge:**

Mecklenburg-Vorpommern

# Ostseestrände und Seenplatte

Die Kreidefelsen auf Rügen, im Nationalpark Jasmund, sind berühmte Wahrzeichen.

# Mecklenburg-Vorpommern

Das im Norden an der Ostsee gelegene Bundesland Mecklenburg-Vorpommern mit seinen feinsandigen Stränden und der Mecklenburgischen Seenplatte ist ein beliebtes Urlaubsziel für Touristen, die Natur und Erholung lieben. Zu den beliebtesten Ausflugszielen gehören die Inseln Rügen und Usedom sowie Heiligendamm, der älteste Seebadeort Deutschlands.

## Schweriner Schloss

Das Schweriner Schloss liegt auf einer Insel im Schweriner See. Es ist Sitz des Landtages von Mecklenburg-Vorpommern. Im Schloss befindet sich zudem das Staatliche Museum Schwerin. Dort wird den Besuchern die Geschichte des Schlosses erklärt.

© Ralf Gosch – Fotolia.com

## Sonne, Strand und Meer

Wegen der tollen Sandstrände und der einzigartigen Natur kommen jedes Jahr ungefähr fünf Millionen Urlauber nach Mecklenburg-Vorpommern. Heiligendamm an der Ostsee ist der älteste Seebadeort Deutschlands.

© Volkmar Hintz – Fotolia.com

© tagstiles.com – Fotolia.com

## Insel Rügen

Rügen ist die größte deutsche Insel. Sie liegt vor der pommerschen Ostseeküste. Weil es viele lange, feinsandige Badestrände gibt, kommen jedes Jahr viele Urlauber auf die Insel. Auf Rügen gibt es große Kreidevorkommen. Wegen der großen wirtschaftlichen Bedeutung wird die Kreide als das Weiße Gold von Rügen bezeichnet.

© Thomas Müller – Fotolia.com
© Falk – Fotolia.com

## Störtebeker Festspiele

Jedes Jahr in den Sommermonaten finden die Störtebeker Festspiele auf der Insel Rügen statt. Auf einer Naturbühne unter freiem Himmel und am Meer erzählt ein Theaterstück die spannenden Abenteuer des bekannten Seeräubers Klaus Störtebeker. 120 Darsteller, 4 Schiffe und 30 Pferde wirken bei diesem aufregenden Spektakel mit.

### Bernstein

Bernstein ist bis zu 260 Millionen Jahre alt. Aus dem zähflüssigen Harz damaliger Bäume wurde im Laufe der Zeit eine feste Substanz. Für die Wissenschaft ist Bernstein mit Einschlüssen, sogenannten Inklusen, von Interesse. Diese Einschlüsse sind Fossilien von kleinen Tieren oder Pflanzenteilen, die im Bernstein über Jahrmillionen hinweg perfekt konserviert wurden.

# Mecklenburg-Vorpommern

| | |
|---|---|
| **Name:** | Mecklenburg-Vorpommern |
| **Hauptstadt:** | Schwerin |
| **Gründung:** | 1990 |
| **Fläche:** | 23.185 km² |
| **Einwohnerzahl:** | ca. 1,7 Mio. |
| **Bevölkerungsdichte:** | ca. 72 Einwohner pro km² |

**Landeswappen und Landesflagge:**

Bundesländer

## Niedersachsen

# Nordsee, Heide und Harz

Die Lüneburger Heide liegt im Nordosten Niedersachsens und besitzt eine großartige und vielseitige Landschaft.

# Niedersachsen

Von den Ostfriesischen Inseln und der Nordsee-Küste bis zu den Gipfeln des Harzes erstreckt sich Niedersachsen. Die Lüneburger Heide ist eine der einzigartigsten Naturlandschaften Europas. Wegen seiner langen Pferdesporttradition nennt man das Bundesland auch „Pferdeland". Die Pferderassen „Hannoveraner", „Oldenburger" und „Friesen" sind weltweit bekannt.

## Neues Rathaus in Hannover

Es ist das Wahrzeichen von Hannover und wirkt durch seine Größe und seine Bauweise wie ein Überbleibsel aus der Zeit, als Hannover noch ein Königreich war. Das Rathaus wurde im Jahre 1913 nach zwölfjähriger Bauzeit festlich eingeweiht.

## Autostadt Wolfsburg

Die Autostadt ist ein großer Erlebnispark in Wolfsburg direkt neben dem Volkswagenwerk. Mehr als 17 Millionen Menschen aus der ganzen Welt haben den Erlebnispark seit der Eröffnung besucht. Im Winter wird dort eine Eislaufbahn aufgebaut, auf der Eiskunstshows gezeigt werden.

### VW Käfer

Der VW Käfer ist ein von der Volkswagen AG produziertes Auto. Bis Juni 2002 war es mit über 21,5 Millionen Exemplaren das meistverkaufte Auto der Welt. Bis 1978 wurde der Käfer von VW in Deutschland produziert. Danach wurde er nur noch in Mexiko und Brasilien hergestellt. Im Jahr 2003 wurde die Produktion eingestellt.

# Niedersachsen

| | |
|---|---|
| **Name:** | Niedersachsen |
| **Hauptstadt:** | Hannover |
| **Gründung:** | 01. November 1946 |
| **Fläche:** | 47.624,22 km² |
| **Einwohnerzahl:** | ca. 7.937.280 |
| **Bevölkerungsdichte:** | ca. 167 Einwohner pro km² |
| **Landeswappen und Landesflagge:** |  |

## Heidepark Soltau

Den Heidepark Soltau findet man in der Lüneburger Heide. Er ist Norddeutschlands größter Freizeit- und Familienpark.

© christian-colista – Fotolia.com

## Duhner Wattrennen

Jeden Sommer findet in Cuxhaven-Duhnen ein spektakuläres Pferderennen auf dem Meeresgrund statt: das Duhner Wattrennen. Seit 1902 starten Traber und Galopper bei Ebbe im Wattenmeer.

© Wolfgang Karg – Fotolia.com

Bremen und Bremerhaven

# Das Zwei-Städte-Land

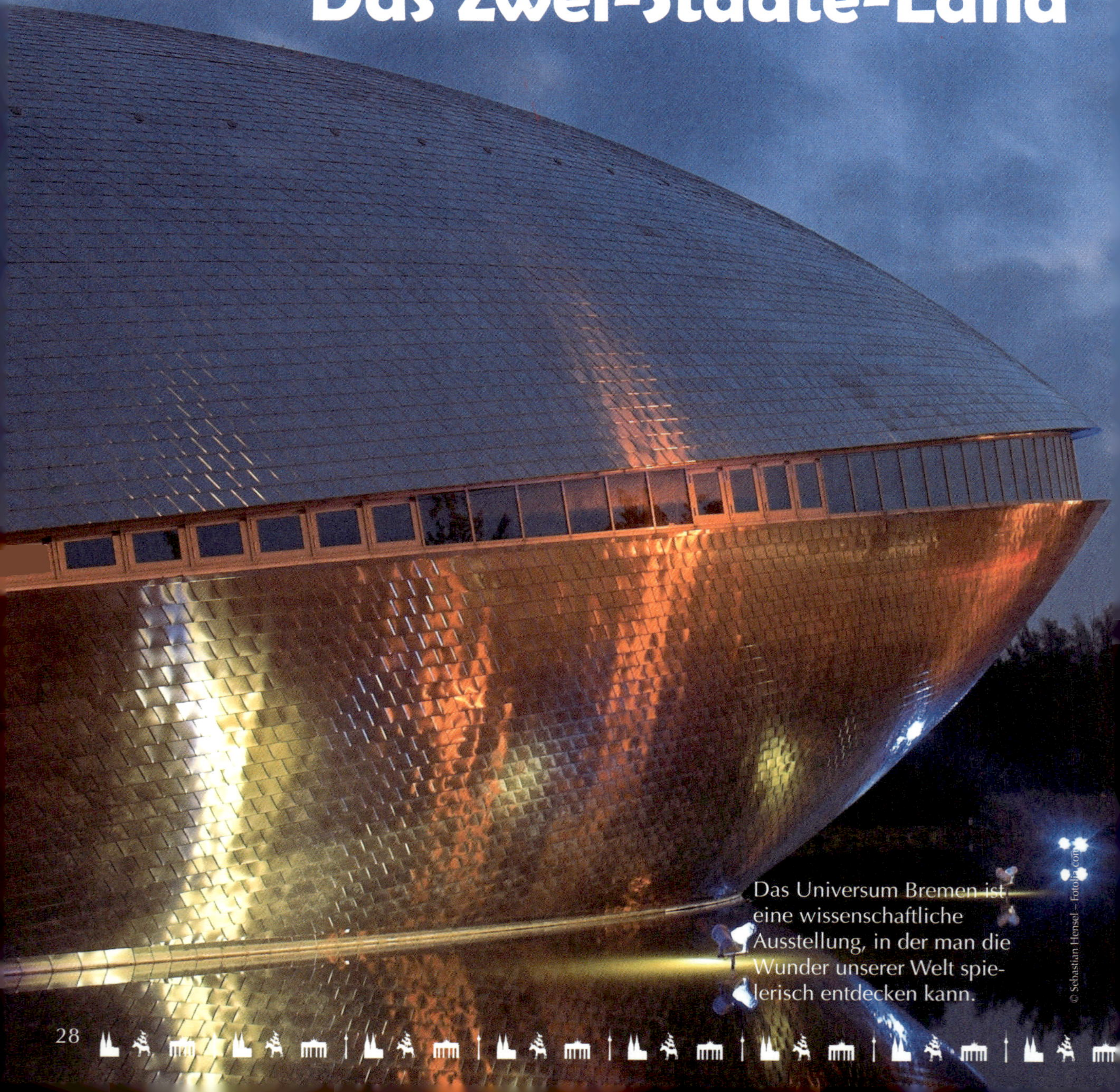

Das Universum Bremen ist eine wissenschaftliche Ausstellung, in der man die Wunder unserer Welt spielerisch entdecken kann.

# Bremen

Bremen ist das kleinste Bundesland Deutschlands. Es besteht aus zwei Städten: der Freien Hansestadt Bremen und der Hafenstadt Bremerhaven. Bremen und Bremerhaven sind aber keine Nachbarstädte! Bremen liegt mitten in Niedersachsen. Bremerhaven ist die größte deutsche Stadt an der Nordsee.

## Die Bremer Stadtmusikanten

Das Märchen „Die Bremer Stadtmusikanten" erzählt von Hahn, Katze, Hund und Esel, die vor ihren Besitzern fliehen müssen. Alle folgen dem Vorschlag des Esels, in Bremen Stadtmusikanten zu werden. Da sie die Stadt nicht an einem Tag erreichen, müssen sie im Wald übernachten. Sie entdecken ein Räuberhaus und vertreiben die Räuber. Das Haus wird für die vier zum Nachtlager und es gefällt ihnen so gut, dass sie gemeinsam dort bleiben.

## Bremer Rathaus

Das Bremer Rathaus wurde im Jahre 1410 erbaut und wurde 2004 zum Weltkulturerbe der Menschheit ernannt. Es liegt mitten in der Bremer Altstadt am Marktplatz direkt hinter dem Roland. Das Rathaus ist Sitz des Bürgermeisters von Bremen.

## Universum Bremen

## Der Roland

Der Roland ist ein Standbild eines Ritters mit gezogenem Schwert. In Bremen wurde der Roland im Jahre 1404 als Symbol für Recht und Freiheit der Stadt Bremen aufgestellt. Er steht auf dem Rathausplatz, gegenüber vom Bremer Dom.

© flyfisher – Fotolia.com

*Das Universum Bremen ist eine spannende Dauerausstellung für Groß und Klein. In dem Gebäude, das aussieht wie eine Muschel, erfahren die Besucher alles zu den Themen Mensch, Erde und Kosmos.*

Planeten: © Torian – Fotolia.com

# Bremen

| | |
|---|---|
| **Name:** | Freie Hansestadt Bremen |
| **Hauptstadt:** | Freie Hansestadt Bremen |
| **Gründung:** | 1949 |
| **Fläche:** | 419,23 km² |
| **Einwohnerzahl:** | ca. 661.858 |
| **Bevölkerungsdichte:** | ca. 1636 Einwohner pro km² |
| **Landeswappen und Landesflagge:** | 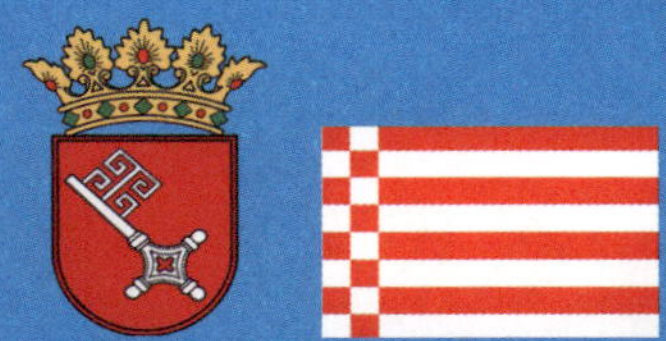 |

# Hamburg
# Das Tor zur Welt

Ständiger Gast im Hamburger Hafen ist die „Cap San Diego": Das Museums-Frachtschiff kann von der Kommandobrücke bis zum Maschinenraum besichtigt werden und bietet Einblicke in die Seefahrtsgeschichte.

# Hamburg

Die Freie und Hansestadt Hamburg ist mit 1,8 Millionen Einwohnern die zweitgrößte Stadt Deutschlands und mit 2500 Brücken die Stadt mit den meisten Brücken in Europa. Im Süden Hamburgs fließt die Elbe. Dort befindet sich auch Deutschlands größter Seehafen, den man das „Tor zur Welt“ nennt, weil die Schiffe von hier aus in alle Länder der Welt fahren.

## Hamburger Hafen

Der Hamburger Hafen wird auch „Deutschlands Tor zur Welt" genannt. Er ist nach Rotterdam der zweitgrößte Containerhafen Europas. Täglich erreichen viele Schiffe aus aller Welt den Hamburger Hafen, um Ware abzuliefern und neue Ware aufzuladen.

© Christian Jakimowitsch – Fotolia.com

© Melanie Vollmert – Fotolia.com

## Hamburger Rathaus

Das Rathaus befindet sich im Zentrum der Stadt Hamburg, an der Alster, einem Nebenfluss der Elbe. Es hat über 647 Zimmer und der Bürgermeister von Hamburg arbeitet dort. Mehr als 100.000 Menschen aus aller Welt besuchen es jährlich.

### Hans Hummel

Hans Hummel war ein grimmiger Mann, der als Wasserträger arbeitete. Oft ärgerten Kinder ihn, indem sie „Hummel Hummel" riefen. Da er zwei schwere Eimer Wasser zu tragen hatte, erwischte er die Kinder selten, so dass ihm nichts übrig blieb, als „Mors Mors" zurückzurufen, was eine Abkürzung des Plattdeutschen für „Klei mi am Mors" (Leck mich am Arsch) war.

© Steffbiene – Fotolia.com

# Hamburg

## Hamburger Dom

Der Hamburger Dom ist nicht etwa eine Kirche, sondern das größte Volksfest des Nordens. Dreimal im Jahr öffnet der Dom seine Pforten. Achterbahn, Riesenrad und Jahrmarktstrubel begeistern die Kleinen und die Großen.

## Miniatur Wunderland

Das Miniatur Wunderland in Hamburg ist die größte Modelleisenbahnanlage der Welt. 850 Modelleisenbahnen fahren auf über 20 Kilometern gelegten Gleisen durch sieben verschiedene Themenlandschaften.

| | |
|---|---|
| **Name:** | Freie und Hansestadt Hamburg |
| **Hauptstadt:** | Freie und Hansestadt Hamburg |
| **Gründung:** | 1949 |
| **Fläche:** | 755,264 km² |
| **Einwohnerzahl:** | ca. 1.775.333 |
| **Bevölkerungsdichte:** | ca. 2351 Einwohner pro km² |

**Landeswappen und Landesflagge:**

Brandenburg

# Land der Schlösser und Wasserstraßen

In Brandenburg gibt es sehr viele schöne Gewässer, die sowohl natürlich als auch künstlich entstanden sind. Paddeln oder Kanufahren sind hier sehr beliebte Freizeitaktivitäten.

# Brandenburg

Brandenburg grenzt im Osten an Polen, im Süden an Sachsen, im Westen an Sachsen-Anhalt, im äußersten Westen an Niedersachsen und im Norden an Mecklenburg-Vorpommern. Über 3000 Seen und mehr als 500 Schlösser hat das Bundesland zu bieten.

## Schloss Sanssouci in Potsdam

Im Schloss Sanssouci lebte König Friedrich der Große in den Sommermonaten von Ende April bis Anfang Oktober. Das Schloss liegt auf den berühmten Weinbergterrassen in Potsdam. „Sanssouci" heißt übersetzt „ohne Sorge". Es ist heute Teil des Weltkulturerbes der UNESCO.

© Himage – Fotolia.com

© KMPhoto – Fotolia.com

## Spreewald

Einzigartig in Europa ist die märchenhafte Landschaft des Spreewalds. Eine Flusslandschaft mit vielen Wasserstraßen und kleinen Inseln lädt zu Kahnfahrten durch dieses Wasserlabyrinth ein. Die Dorfbewohner, die im Zentrum des Spreewalds wohnen, nutzen die Wasserstraßen, um zur Arbeit zu kommen oder einzukaufen.

© Marty Kropp – Fotolia.com

### Störche im Rhinluch

Linum ist das Ruppiner Storchendorf und liegt ca. eine halbe Stunde von Neuruppin entfernt. Bis zu 18 Storchenpaare nisten hier jährlich und ziehen ihre Jungen auf. Im feuchten Rhinluch finden sie genug Nahrung für sich und ihren Nachwuchs. Am ersten Wochenende im August findet alljährlich das Storchenfest statt.

## Schiffshebewerk Niederfinow

Das Schiffshebewerk Niederfinow ist der größte Fahrstuhl für Schiffe in Europa. Das Hebewerk überwindet einen Höhenunterschied von 36 Metern auf dem Oder-Havel-Kanal, einem künstlich angelegten Fluss.

Im Hebewerk werden die Schiffe wie im Fahrstuhl hoch- oder runtergefahren, um auf den höher oder tiefer liegenden Teil des Flusses zu gelangen und weiterzufahren.

# Brandenburg

| | |
|---|---|
| **Name:** | Brandenburg |
| **Hauptstadt:** | Potsdam |
| **Gründung:** | 03. Oktober 1990 |
| **Fläche:** | 29.476 km² |
| **Einwohnerzahl:** | ca. 2.515.346 |
| **Bevölkerungsdichte:** | ca. 86 Einwohner pro km² |

**Landeswappen und Landesflagge:**

Berlin

# Weltstadt an der Spree

Blick auf die Bundeshauptstadt: Rechts ist das Reichstagsgebäude mit seiner gläsernen Kuppel zu sehen, links der Berliner Fernsehturm.

# Berlin

Seit 1990 ist Berlin die Bundeshauptstadt und mit 3,4 Millionen Einwohnern auch die größte Stadt in Deutschland. Der Berliner Bär ist das Wahrzeichen der Stadt. Deutschland wird von Berlin aus regiert. Wegen seiner Größe, seiner Geschichte und historischen Gebäude sowie seiner vielfältigen, lebendigen Kultur wird Berlin auch als Weltstadt bezeichnet.

## Brandenburger Tor

Das Brandenburger Tor ist das wichtigste Wahrzeichen der Stadt Berlin. Es ist das letzte erhaltene Stadttor von Berlin. Alle anderen Tore wurden im Krieg völlig zerstört. Das Brandenburger Tor stand an der Grenze zwischen Ost- und West-Berlin.

© ArTo – Fotolia.com

© philipus – Fotolia.com

## Reichstagsgebäude

Im Reichstagsgebäude befindet sich der Bundestag. Das sind Politiker, die über wichtige Gesetze beraten und entscheiden. Auch unsere Bundeskanzlerin Angela Merkel arbeitet hier. Die runde Kuppel des Reichstagsgebäudes ist begehbar und mittlerweile ein Wahrzeichen Berlins.

### Berliner Mauer

Die Berliner Mauer war während der Teilung Deutschlands die Grenze zwischen West- und Ostberlin. Sie sollte verhindern, dass die Menschen aus Ost- nach Westberlin flüchteten. Viele Menschen, die damals versuchten zu flüchten, wurden von DDR-Grenzsoldaten getötet. Am 09. November 1989 durften die DDR-Bürger nach Westberlin, die Mauer „fiel" und die Menschen aus West und Ost waren wieder vereint.

## Museumsinsel

Auf der Museumsinsel am Fluss Spree, mitten in Berlin, befinden sich fünf weltberühmte Museen. In diesen Museen kann man sich über die Geschichte der Menschheit informieren und Kunstwerke bestaunen.

## Karneval der Kulturen

Jedes Jahr zu Pfingsten wird in Berlin der Karneval der Kulturen gefeiert. An diesem bunten Straßenspektakel nehmen Menschen verschiedenster Kulturen teil.

# Berlin

| | |
|---|---|
| **Name:** | Berlin |
| **Hauptstadt:** | Berlin |
| **Gründung:** | November 1990 |
| **Fläche:** | 891,85 km² |
| **Einwohnerzahl:** | ca. 3.432.157 |
| **Bevölkerungsdichte:** | ca. 3848 Einwohner pro km² |

**Landeswappen und Landesflagge:**

Nordrhein-Westfalen

# Land der Vielfalt

Köln bei Nacht: Vorne im Bild fließt der Rhein, hinten strahlt der Kölner Dom in seiner ganzen Pracht.

# Nordrhein-Westfalen

Es ist das wirtschaftsstärkste Bundesland mit den meisten Einwohnern in Deutschland. Mit seinen vielen Fabriken ist es das industrielle Zentrum Deutschlands.

## Kölner Dom

Der Kölner Dom ist eine der größten und bekanntesten Kirchen der Welt und gehört zu den Wahrzeichen Deutschlands. Die Kirchenglocken des Doms werden täglich geläutet. Die größte und bekannteste Glocke des Kölner Doms ist die Petersglocke.

## Düsseldorf

Die Hauptstadt von Nordrhein-Westfalen ist Düsseldorf. Düsseldorf zählt zu den wichtigsten Wirtschafts-, Verkehrs- und Kulturzentren Deutschlands. Der größte und verkehrsreichste Fluss der Welt, der Rhein, fließt in vielen Kurven durch die Stadt. Wegen ihrer vielen Kneipen wird die Düsseldorfer Altstadt auch als die„längste Theke der Welt" bezeichnet.

### Karneval

Jedes Jahr im Februar feiert ganz Nordrhein-Westfalen ausgelassen Karneval. Lange und bunte Karnevalsumzüge am Rosenmontag sind in Städten wie Köln oder Düsseldorf Tradition.

## Ruhrgebiet

Das Ruhrgebiet ist eine Region in Nordrhein-Westfalen, wo über zehn Millionen Menschen leben. Früher war das Ruhrgebiet wegen der Stahlindustrie und dem Steinkohleabbau bekannt. Heute steht die Region für ein riesiges kulturelles Angebot, weshalb die Stadt Essen 2010 stellvertretend für das Ruhrgebiet zur europäischen Kulturhauptstadt gewählt wurde.

## Wuppertaler Schwebebahn

Die Schwebebahn ist das wichtigste Verkehrsmittel der Stadt Wuppertal und außerdem ihr Wahrzeichen.

# Nordrhein-Westfalen

| | |
|---|---|
| **Name:** | Nordrhein-Westfalen |
| **Hauptstadt:** | Düsseldorf |
| **Gründung:** | 23. August 1946 |
| **Fläche:** | 34.088,31 km² |
| **Einwohnerzahl:** | ca. 17.893.212 |
| **Bevölkerungsdichte:** | ca. 524,9 Einwohner pro km² |

**Landeswappen und Landesflagge:**

Sachsen-Anhalt

# Berge, Schlösser und Kirchen

Die Harzer Schmalspurbahnen werden bis heute überwiegend mit Dampf betrieben.

# Sachsen-Anhalt

Sachsen-Anhalt wird geprägt durch Natur und Landwirtschaft. Die Böden rund um die Landeshauptstadt Magdeburg, der Magdeburger Börde, zählen zu den fruchtbarsten in ganz Deutschland. Im Südwesten des Bundeslandes liegt der Harz, das höchste Gebirge Norddeutschlands mit dem Nationalpark Harz. Sachsen-Anhalt ist auch bekannt für seine sagenhaften Schlösser und Kirchen.

## Magdeburg

Magdeburg ist die Hauptstadt von Sachsen-Anhalt. Durch die Stadt fließt die Elbe, eine der wichtigsten Wasserstraßen Deutschlands. Das Wahrzeichen von Magdeburg ist der Magdeburger Dom. Diese berühmte Kirche wurde im Jahre 1209 gebaut.

## Brocken

Der Brocken in Sachsen-Anhalt ist 1141 Meter hoch und der höchste Berg in Norddeutschland. Er liegt im Nationalpark Harz, den sich die Bundesländer Niedersachsen und Sachsen-Anhalt teilen. Der Harz ist im Sommer wie auch im Winter ein sehr beliebtes Urlaubsziel.

### Walpurgisnacht

Im Harz feiern in der Nacht zum 1. Mai „Hexen" und „Teufel" das Ende des Winters. Sie tanzen dabei um ein großes Feuer. Etwa 100.000 Menschen feiern so jedes Jahr im Harz das Walpurgisfest.

# Sachsen-Anhalt

| | |
|---|---|
| **Name:** | Sachsen-Anhalt |
| **Hauptstadt:** | Magdeburg |
| **Gründung:** | 03. Oktober 1990 |
| **Fläche:** | 20.446,31 km² |
| **Einwohnerzahl:** | ca. 2.373.485 |
| **Bevölkerungsdichte:** | ca. 116 Einwohner pro km² |

**Landeswappen und Landesflagge:**

## Martin Luther

Martin Luther wurde 1483 in der Stadt Eisleben geboren. Luther war ein bedeutender kirchlicher Reformator und übersetzte 1521 die Bibel aus dem Lateinischen in die deutsche Sprache.

## Ferropolis bei Dessau

Auf einer künstlich angelegten Insel im Gremminer See gibt es eine Stadt aus Eisen. Große Bagger aus dem ehemaligen Braunkohleabbau kann man hier besichtigen. Viele Künstler geben hier Konzerte.

## Hessen

# Welt der Finanzen und Naturpfade

Die Stadt der Banken und Geschäftsleute: Frankfurt am Main

# Hessen

Zahlreiche Mittelgebirge wie zum Beispiel die Rhön, der Taunus und das Rothaargebirge prägen die Landschaft Hessens. Die größte Stadt Hessens ist Frankfurt, am Fluss Main gelegen. Die Wolkenkratzer hier gehören zu den höchsten Gebäuden Europas. Weil sie ein bisschen aussehen wie die in New Yorks Stadtteil „Manhattan“, nennt man Frankfurt auch „Mainhattan“. In Frankfurt haben viele Banken ihren Sitz und wichtige Geschäfte werden von hier aus erledigt.

## Kurhaus Wiesbaden

Im Mai 2007 feierte das Kurhaus in Wiesbaden sein 100-jähriges Bestehen. Im Kurhaus finden wichtige Veranstaltungen und eindrucksvolle Feste statt. Es hat 12 prächtige Säle und eine 21 Meter hohe Kuppel.

## Der Römer in Frankfurt

Das Rathaus in Frankfurt heißt „Der Römer“. Seit über 600 Jahren wird Frankfurt von diesem Gebäude aus regiert. Auf dem Balkon des Römers lassen sich meist die Fußballnationalmannschaften nach erfolgreichen Turnieren von ihren Fans feiern.

### Flughafen Frankfurt

Der Flughafen Frankfurt am Main ist der mit Abstand größte deutsche Flughafen und der drittgrößte Europas. Das Flughafengelände ist ein eigenständiger Stadtteil von Frankfurt.

## Die Wasserkuppe

Der höchste Berg Hessens ist die Wasserkuppe. Er ist 950 Meter hoch. Dort befindet sich das Deutsche Segelflugmuseum. Die Wasserkuppe ist auch ein beliebter Startplatz für Drachen- und Gleitschirmflieger.

© reises – Fotolia.com

## 40.000 km Wanderwege

Ob im Odenwald, Spessart, Taunus oder Westerwald, auf den vielen Wanderwegen in Hessen kann man die Schönheit der Natur hautnah erleben.

© henryart – Fotolia.com

## Hessen

| | |
|---|---|
| **Name:** | Hessen |
| **Hauptstadt:** | Wiesbaden |
| **Gründung:** | 19. September 1945 |
| **Fläche:** | 21.114,94 km² |
| **Einwohnerzahl:** | ca. 6.060.841 |
| **Bevölkerungsdichte:** | ca. 287 Einwohner pro km² |

**Landeswappen und Landesflagge:**

Thüringen

# Das grüne Herz Deutschlands

In Thüringen gibt es Natur pur: Ausgedehnte Waldgebiete, in denen man wunderbar Rad fahren, wandern und vieles mehr unternehmen kann.

# Thüringen

Weil Thüringen in der Mitte Deutschlands liegt und der Thüringer Wald einen großen Teil des Landes einnimmt, wird Thüringen auch „das grüne Herz Deutschlands" genannt. An Thüringen grenzen die Bundesländer Sachsen im Osten und Südosten, Sachsen-Anhalt im Norden und Nordosten, Niedersachsen im Nordwesten, Hessen im Westen sowie Bayern im Süden.

## Erfurter Weihnachtsmarkt

Ein 25 Meter hoher, geschmückter Weihnachtsbaum ist der Mittelpunkt des Erfurter Weihnachtsmarktes. Auf dem Domplatz wird zur Weihnachtszeit ein zauberhafter Märchenwald aufgebaut. Es gibt Karussells und sogar ein Riesenrad.

## Krämerbrücke in Erfurt

Die Krämerbrücke ist eine Fußgängerbrücke und zählt zu den Wahrzeichen der Stadt Erfurt. Diese Brücke ist die einzige in Europa, auf der Häuser stehen, in denen Menschen wohnen. Die Krämerbrücke führt über einen Nebenstrom des Flusses Gera.

### Gartenzwerge

Die ersten Gartenzwerge wurden ab 1872 in Gräfenroda in Thüringen aus Ton hergestellt. Seitdem gilt die Stadt als Heimat der Gartenzwerge. Gräfenroda hat sogar ein eigenes Gartenzwerg-Museum. Heute werden nicht nur die klassischen Gartenzwerge hergestellt, sondern eher lustige Figuren, wie Nachbildungen von Politikern und Prominenten.

# Thüringen

| | |
|---|---|
| **Name:** | Freistaat Thüringen |
| **Hauptstadt:** | Erfurt |
| **Gründung:** | 03. Oktober 1990 |
| **Fläche:** | 16.172,10 km² |
| **Einwohnerzahl:** | ca. 2.261.236 |
| **Bevölkerungsdichte:** | ca. 140 Einwohner pro km² |

**Landeswappen und Landesflagge:**

## Wartburg bei Eisenach

Der Sage nach entdeckte der junge Graf Ludwig der Springer im Jahre 1067 auf der Jagd einen prächtigen Berg. „Wart, Berg, du sollst mir eine Burg werden!“, sprach er aus. Weil der Berg aber nicht auf seinem Land stand, ließ er Erde von seinem Land auf den Berg schaffen und errichtete die Burg darauf. Und so erhielt die Burg den Namen Wartburg.

## Thüringer Rostbratwurst

Eine Spezialität aus Thüringen ist die berühmte Thüringer Rostbratwurst. Sie ist stark gewürzt, 15 bis 20 cm lang und etwa 15 Millimeter dick.

## Sachsen

# Elbsandsteingebirge und Kultur

Die Bastei ist ein sehr bekanntes Naturdenkmal Deutschlands und liegt in der Sächsischen Schweiz.

# Sachsen

In Sachsen liegt das Elbsandsteingebirge. Dieses Gebirge wird auch die Sächsische Schweiz genannt. Die eindrucksvollen Formen der Felsen kann man südöstlich von Dresden und auf beiden Seiten der Elbe bewundern. Dresden ist mit seinen vielen Museen und alten Bauwerken das kulturelle Zentrum Sachsens. Auch für das Kunsthandwerk, wie das Meißener Porzellan, ist das Bundesland berühmt.

## Frauenkirche in Dresden

Die Dresdner Frauenkirche ist das Wahrzeichen der Stadt. Sie steht auf dem Neumarkt in Dresden und ihr Baustil ist so besonders, dass sie zu den schönsten Kirchen Europas zählt. Sie wurde ganz aus Sandstein gebaut.

## Semperoper in Dresden

Die Semperoper ist eines der bekanntesten Wahrzeichen von Dresden. Das prunkvolle Gebäude kann sich mit den schönsten Opern der Welt messen. Es wurde von 1838 bis 1841 von Gottfried Semper errichtet. Dreimal musste die Semperoper wegen Zerstörung durch Feuer und Krieg neu aufgebaut werden.

### Der Trabant (Trabi)

Der ostdeutsche „Volks"-Wagen wurde in der damaligen DDR in Zwickau gebaut. Da die Automobilwerke Zwickau die einzige Fabrik war, die Trabis gebaut hat, und gar nicht so schnell so viele Autos bauen konnten, mussten die Menschen manchmal jahrelang warten, bevor sie ihren vorbestellten Trabi bekamen.

## Winterland Sachsen

Vom Zittauer Gebirge bis hin zum Vogtland laden die herrlichen Skigebiete zum Wintersport ein. Langläufer kommen hier ebenso auf ihre Kosten wie Skifahrer, Snowboarder, Rodler oder Spaziergänger.

## Kunst aus dem Erzgebirge

Berühmt sind die einzigartigen Holzarbeiten, die im Erzgebirge von Hand gefertigt werden. Räuchermännchen, Nussknacker und Pyramiden gehören dazu.

# Sachsen

| | |
|---|---|
| **Name:** | Freistaat Sachsen |
| **Hauptstadt:** | Dresden |
| **Gründung:** | 03. Oktober 1990 |
| **Fläche:** | 18.415,51 km² |
| **Einwohnerzahl:** | ca. 4.183.404 |
| **Bevölkerungsdichte:** | ca. 227 Einwohner pro km² |

**Landeswappen und Landesflagge:**

## Rheinland-Pfalz

# Weinanbau und Kultur am Rhein

Die Burg Katz ist seit 2002 Teil des UNESCO-Welterbes Oberes Mittelrheintal.

© H. Dietz – Fotolia.com

# Rheinland-Pfalz

Das Bundesland ist bekannt für seinen Weinanbau und die vielen Sehenswürdigkeiten, wie die Loreley, ein 125 Meter hoher, steil aufragender Felsriegel am Rheinufer. Die größten Flüsse sind der Rhein, die Mosel, die Saar und die Lahn. Der Geysir Andernach ist der weltweit höchste Kaltwassergeysir und eine Attraktion im Vulkanpark. Seine Wasserfontaine schießt 50-60 Meter in die Höhe, ähnlich wie eine geschüttelte Mineralwasserflasche.

## Mainzer Dom

Er wurde um das Jahr 1000 von Erzbischof Willigis errichtet. Betritt man die Kirche heute, trifft man in jedem Winkel des Gebäudes auf Denkmäler. „Denk"-Mäler sind Gegenstände, die an etwas oder jemanden erinnern sollen.

## Marksburg am Rhein

Im 13. Jahrhundert wurde die Marksburg errichtet. Sie thront hoch über dem Fluss Rhein und wurde nie durch Kriege oder Brände zerstört. Hier kann man einen Eindruck vom ritterlichen Leben im Mittelalter gewinnen.

### Rennstrecke Nürburgring

Der Nürburgring ist eine Rennstrecke in der Eifel in Rheinland-Pfalz. Sie ist mit 5,1 Kilometern Streckenlänge die längste Rennstrecke der Welt. Du kannst dir dort Formel-1-Rennen anschauen.

## Weinanbau

Rheinland-Pfalz hat die größte Weinanbaufläche Deutschlands. Rund um den Rhein und die Mosel werden Wein, Sekt und Saft aus den roten und weißen Beeren der Weintrauben hergestellt.

## Mainzer Fastnacht

Die Mainzer Fastnacht ist ein bedeutendes Fest in der Stadt Mainz. Sie wird auch die „fünfte Jahreszeit" genannt. Vom 01. Januar jeden Jahres bis zum großen Rosenmontagszug am Aschermittwoch feiert man den Karneval.

# Rheinland-Pfalz

| | |
|---|---|
| **Name:** | Rheinland-Pfalz |
| **Hauptstadt:** | Mainz |
| **Gründung:** | 18. Mai 1946 |
| **Fläche:** | 19.853,36 km² |
| **Einwohnerzahl:** | ca. 4.020.917 |
| **Bevölkerungsdichte:** | ca. 203 Einwohner pro km² |

**Landeswappen und Landesflagge:**

## Saarland

# Viel Sehenswertes auf engstem Raum

Die Saarschleife bei Mettlach ist das Wahrzeichen des Saarlandes und ein Durchbruchstal der Saar.

© PIXMatex – Fotolia.com

# Saarland

Das Saarland verdankt seinem Namen dem Fluss Saar, der durch das Land hindurchfließt. Die Saarschleife, eine eindrucksvolle Kurve des Flusses, ist eine der bedeutendsten Sehenswürdigkeiten des Saarlandes. Das Saarland grenzt an die Länder Luxemburg und Frankreich. Durch die Nähe zu Frankreich haben viele Menschen im Saarland französische Namen.

## Ludwigskirche Saarbrücken

Im Auftrag von Fürst Wilhelm Heinrich von Nassau-Saarbrücken entwarf Friedrich Joachim Stengel die Ludwigskirche. Sie wurde von 1762 bis 1775 erbaut und ist heute das Wahrzeichen der Stadt Saarbrücken.

© photoparfum – Fotolia.com

© E. Zacherl – Fotolia.com

## Völklinger Hütte

Im Jahre 1873 wurde das Eisenwerk Völklinger Hütte gegründet. Aus Eisenerz wurde damals in diesem großen Werk Eisen hergestellt. Die Völklinger Hütte ist ein bedeutendes Denkmal. Heute finden hier Veranstaltungen und Ausstellungen statt.

© BerndtHH – Fotolia.com

### Stadt der Wölfe

Die Stadt Merzig im Saarland ist auch als „Stadt der Wölfe" bekannt, weil im Wolfspark verschiedene Arten von Wölfen zusammenleben. Seit mehr als 30 Jahren wird dort das Verhalten der Wölfe studiert.

# Saarland

## Schlossberghöhlen Homburg

Oberhalb der Stadt Homburg sind Europas größte Buntsandsteinhöhlen zu finden. Sie entstanden vom 11. bis zum 17. Jahrhundert durch den Abbau von Buntsandstein. Die geheimnisvollen Gänge mit ihren gelb, rot und orange schimmernden Wänden können heutzutage besichtigt werden.

## Strand am Bostalsee

Der Bostalsee ist ein Stausee im Norden des Saarlandes. Im Sommer kann man an seinem Strand baden, segeln oder surfen.

| | |
|---|---|
| **Name:** | Saarland |
| **Hauptstadt:** | Saarbrücken |
| **Gründung:** | 01. Januar 1957 |
| **Fläche:** | 2.569,69 km² |
| **Einwohnerzahl:** | ca. 1.024.366 |
| **Bevölkerungsdichte:** | ca. 400 Einwohner pro km² |

**Landeswappen und Landesflagge:**

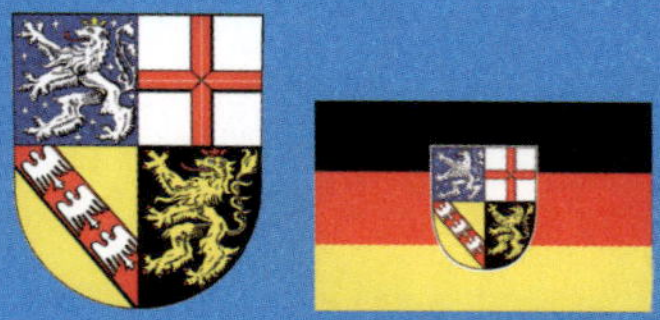

Baden-Württemberg

# Vom Schwarzwald bis zum Bodensee

Die Mainau ist die drittgrößte Insel im Bodensee. Sie wird auch als Blumeninsel bezeichnet, da aufgrund des mediterranen Klimas fast das ganze Jahr über viele wunderschöne und auch seltene Blumen zu sehen sind.

# Baden-Württemberg

Baden-Württemberg wird das Land der Tüftler und Häuslebauer genannt, weil den Einwohnern des Landes Erfindergeist und Fleiß nachgesagt werden. Das Land bietet zahlreiche Abwechslungen: Die Schwäbische Alb mit mehr als 1000 Höhlen, den Bodensee, das größte deutsche Binnengewässer, Burgen und über 900 Museen.

## Stuttgart

600.000 Menschen leben in Stuttgart. Es ist die größte Stadt und die Landeshauptstadt von Baden-Württemberg. In und um Stuttgart gibt es viele Weinberge, Täler und Parks. Man nennt Stuttgart deshalb auch die Stadt „zwischen Wald und Reben".

© Jürgen Effner – Fotolia.com

© steffenw – Fotolia.com

## Ulmer Münster

Das Münster ist die Kirche mit dem höchsten Kirchturm der Welt. Der Hauptturm ist 161,53 Meter hoch und Besucher können 768 Stufen hinaufsteigen, um eine tolle Aussicht zu genießen.

© Marc Dietrich – Fotolia.com

### Kuckucksuhr

Im Schwarzwald werden traditionell Kuckucksuhren hergestellt. In diesen Uhren sitzt ein kleiner Holz-Kuckuck, der zu jeder vollen Stunde seinen Kopf aus dem Fenster streckt und „kuckuck" ruft. Die Anzahl seiner Rufe verrät dir die Uhrzeit.

## Mercedes-Benz Welt

Auto-Fans zieht es nach Stuttgart Bad Cannstatt. Dort kann man eine Zeitreise durch 120 Jahre Automobilgeschichte erleben und alle Fahrzeuge bestaunen, die von Mercedes-Benz gebaut wurden.

## Schwarzwald

Der Schwarzwald ist das größte zusammenhängende Mittelgebirge in Deutschland und sehr beliebt bei Mountainbikern und Wanderern. Der Feldberg ist mit 1493 Metern der größte Berg im Schwarzwald.

# Baden-Württemberg

| | |
|---|---|
| **Name:** | Baden-Württemberg |
| **Hauptstadt:** | Stuttgart |
| **Gründung:** | 1952 |
| **Fläche:** | 35.751,46 km² |
| **Einwohnerzahl:** | ca. 10.747.905 |
| **Bevölkerungsdichte:** | ca. 301 Einwohner pro km² |

**Landeswappen und Landesflagge:**

## Bayern

# Land der Traditionen und Berge

Schönau am Königssee liegt im oberbayerischen Landkreis Berchtesgadener Land und bietet viel unberührte Natur. Neben dem kristallklaren Königssee zieht auch der majestätische Watzmann (Fels) die Besucher in seinen Bann.

## Bayern

Bayern ist das größte Bundesland Deutschlands. Seine traumhaften Königsschlösser, sein Bier und das Oktoberfest sind weit über die Grenzen Deutschlands bekannt. Vielleicht sind es aber auch die Bayerischen Alpen, das Alpenvorland oder der Fluss Donau, die Bayern zum beliebtesten Urlaubsziel in Deutschland machen.

## München

München ist die drittgrößte Stadt Deutschlands. Ihr Name beruht auf der Beschreibung „Bei den Mönchen", da sich vor Ort schon vor der Stadtgründung eine von Mönchen bewohnte Kirche befand. Die Frauenkirche mit ihren zwei Türmen ist das Wahrzeichen von München.

## Schloss Neuschwanstein

1869 ließ der bayerische König Ludwig II. das Schloss errichten. Neuschwanstein ist eine der bekanntesten Sehenswürdigkeiten Deutschlands. Mehr als eine Million Touristen besuchen das sogenannte Märchenschloss jährlich.

### Weißwurst

Die bekannteste Münchner Spezialität ist die Weißwurst. Sie wird traditionell frühmorgens hergestellt und vormittags als Imbiss auf Märkten und in Wirtshäusern mit süßem Senf, Brezen und Weißbier verzehrt. Die Weißwurst wird übrigens „gezuzelt" („gesaugt"), d.h. man nimmt sie in die Hand und zieht den Inhalt mit den Zähnen aus der Haut.

# Bayern

| | |
|---|---|
| **Name:** | Freistaat Bayern |
| **Hauptstadt:** | München |
| **Gründung:** | 01. Dezember 1946 |
| **Fläche:** | 70.551,57 km² |
| **Einwohnerzahl:** | ca. 12.494.781 |
| **Bevölkerungsdichte:** | ca. 177 Einwohner pro km² |

**Landeswappen und Landesflagge:**

## Die Zugspitze

Mit 2962 Metern ist die Zugspitze der höchste Berg Deutschlands. Über ihren westlichen Gipfel verläuft die Grenze zwischen Deutschland und Österreich. Drei Seilbahnen bringen Besucher direkt zum Gipfel des Berges.

## Oktoberfest

Eines der größten Volksfeste der Welt ist das Oktoberfest in München. Seit 1810 findet es jedes Jahr auf der Theresienwiese statt. Typisch für dieses Volksfest ist die Kleidung: Dirndl für die Damen, Lederhosen für die Herren.

## Angela Merkel

Der 22. November 2005 war für Deutschland ein ganz besonderer Tag. Zum ersten Mal wurde in der Geschichte der Bundesrepublik eine Frau zur Bundeskanzlerin gewählt: Angela Merkel.

## Albert Einstein

Dieser berühmte Physiker und Mathematiker wurde am 14. März 1879 geboren. 1999 wählten ihn 100 führende Physiker zum größten Physiker aller Zeiten. Seine bekannteste Arbeit ist die berühmte Relativitätstheorie. Er starb 1955 in den USA.

## Sophie Scholl

Sophia Magdalena Scholl wurde am 09. Mai 1921 geboren. Zur Zeit des Zweiten Weltkriegs schloss sie sich der Gruppe „Die weiße Rose" an, die gegen Hitler und seine Nazi-Diktatur kämpfte. Sie verteilte verbotene Flugblätter. Deshalb wurde sie verurteilt und hingerichtet. Sophie Scholl wurde nur 22 Jahre alt.

## Steffi Graf

Stefanie Maria Graf gilt als die erfolgreichste Tennisspielerin der Sportgeschichte. 377 Wochen lang war sie die Nummer eins in der Weltrangliste. Wegen ihrer großen Erfolge wurde sie 1999 sogar zur „Sportlerin des Jahrhunderts“ gewählt.

## Michael Schumacher

Michael Schumacher ist der erfolgreichste Rennfahrer in der Geschichte des Motorsports. 1994 gewann er als erster Deutscher die Formel-1-Weltmeisterschaft. Insgesamt wurde er siebenmal Formel-1-Weltmeister.

## Otto Lilienthal

Karl Wilhelm Otto Lilienthal war ein deutscher Luftpionier und der erste Mensch überhaupt, der erfolgreich Gleitflüge mit einem Flugzeug vollführte. Sein Lebenswerk war für spätere Flugzeugentwickler von großer Bedeutung. So bauten die Flugzeuge der berühmten Gebrüder Wright aus Amerika auf Lilienthals Flugprinzip auf.

## Johann Wolfgang von Goethe

Goethe war der berühmteste deutsche Dichter und einer der bekanntesten Dichter der Welt. Er wurde 1749 in Frankfurt am Main geboren und starb 1832 in Weimar. Seine wohl bekanntesten Werke sind „Faust“ und „Die Leiden des jungen Werther“.

## Wilhelm Busch

Heinrich Christian Wilhelm Busch war Dichter, Zeichner und Maler und lebte von 1832 bis 1908. Seine Lausbubengeschichte „Max und Moritz“ wurde 1865 veröffentlicht und wird noch heute viel gelesen.

## Käthe Kollwitz

Käthe Kollwitz wurde am 08. Juli 1867 geboren. Schon in jungen Jahren entdeckte ihr Vater das Talent seiner Tochter und förderte sie. 1886 begann Käthe Kollwitz ihr Studium der Malerei in Berlin. Nebenbei hat sie auch als Bildhauerin gearbeitet, wie du im Bild oben sehen kannst. Sie starb am 22. April 1945 und zählt zu den bekanntesten deutschen Künstlern des 20. Jahrhunderts.

## Caspar David Friedrich

Caspar David Friedrich lebte von 1774 bis 1840. Er war ein bedeutender Maler und Zeichner. Hauptsächlich malte er Natur- und Landschaftsbilder.

## Ludwig van Beethoven

Ludwig van Beethoven wurde am 16.12.1770 in Bonn geboren. Er ist einer der berühmtesten Musiker und Komponisten Europas. Er litt an einer Erkrankung im Ohr und verlor, als er 49 Jahre alt war, sein Hörvermögen. Er starb am 26. März 1827 in Wien.

## Tokio Hotel

Die deutsche Band Tokio Hotel kommt aus dem Raum Magdeburg. 2005 wurde ihre erste Single „Durch den Monsun" veröffentlicht. Tokio Hotel gehören seitdem zu den erfolgreichsten deutschen Bands der letzten Jahre.

## Zoologischer Garten Berlin

In keinem Zoo der Welt findet man mehr verschiedene Tierarten als im Tiergarten Berlin. 1.500 Arten und über 15.000 Tiere leben hier. In einem dreistöckigen Aquarium kann man Fische, Reptilien und Insekten bestaunen. Der Zoologische Garten gehört zu den meistbesuchten Sehenswürdigkeiten Berlins.

© Figaro – Fotolia.com

© tiorna – Fotolia.com

## LEGOLAND Deutschland

Das LEGOLAND ist ein riesiger Vergnügungspark. Er wurde aus über 50 Millionen LEGO-Steinen erbaut und befindet sich in Günzburg (Bayern). Unzählige Attraktionen und spektakuläre Shows warten auf abenteuerhungrige Familien.

© www.dinopark.de

## Dinosaurier-Park Münchehagen

Der Dinosaurier-Park Münchehagen bei Hannover ist das weltweit größte Dinosaurier-Freilichtmuseum. Hier kannst du anhand von über 220 lebensgroßen Modellen die Urzeitriesen hautnah erleben. Ein Highlight ist die T-Rex-Tour.

© Ericos – Fotolia.com

© Eric Geyaert – Fotolia.com

## Karl-May-Spiele

Bei den Karl-May-Spielen in Bad Segeberg werden in einem Freilichttheater die Abenteuerromane von Karl May aufgeführt. Indianerüberfälle, knallende Colts und galoppierende Mustangs lassen die Zuschauer den Wilden Westen wie im Jahr 1870 erleben.

## Filmpark Babelsberg

Der Filmpark Babelsberg bei Potsdam bietet Film und Fernsehen zum Anfassen. Spektakuläre Stuntshows im VULKAN, Tiershows mit tierischen Stars aus bekannten Film- und Fernsehproduktionen, ein Erlebnisrestaurant und vieles mehr gibt es hier zu erleben.

## Serengeti-Park Hodenhagen

Im Serengeti-Park Hodenhagen kannst du entweder im eigenen Auto oder im Serengetibus mit zoologischer Führung über 1500 Tiere (Löwen, Tiger, Giraffen, Nashörner, Elefanten u.v.m.) bestaunen. Es gibt eine der größten Elefanten-Zuchtanlagen Deutschlands und das Affenland mit über 200 Affen.

## Wikinger-Museum Haithabu

Hier erfährst du alles über das Leben der Wikinger. Haithabu war in der Wikingerzeit einer der bedeutendsten Siedlungsplätze Nordeuropas. Viele Fundstücke, wie das Langschiff und Waffen, gibt es zu bestaunen.

# Land der Superlative

## Rekorde über Rekorde!

Deutschland ist das Land der Superlative. Was in Deutschland alles rekordverdächtig ist, erfährst du hier. Du wirst staunen!

## Der höchste Kirchturm der Welt

Der höchste Kirchturm der Welt ist der des Ulmer Münsters. Es ist 161,53 Meter hoch und es führen 768 Stufen bis auf eine Höhe von 143 Metern.

## Schnellster Supercomputer

Am Forschungszentrum Jülich steht der schnellste Supercomputer Europas. *Blue Gene*, wie der Computer heißt, rechnet so schnell wie 12.000 herkömmliche Computer zusammen.

## Größte Ziegelsteinbrücke

Die Göltzschtalbrücke ist die größte Ziegelsteinbrücke der Welt. Die Eisenbahnbrücke in Sachsen hat eine Länge von 574 Metern und wurde 1846 erbaut.

## Höchste Einwohnerzahl

Deutschland ist mit knapp 82 Millionen Einwohnern das bevölkerungsreichste Land in Europa.

## Größtes Volksfest der Welt

Das Oktoberfest in München ist das größte Volksfest der Welt. Jedes Jahr kommen über sechs Millionen Besucher auf die „Wiesn", wie das Oktoberfest von den Einheimischen auch genannt wird.

## Tiefster Punkt Deutschlands

Die Gemeinde Neuendorf-Sachsenbande in Schleswig-Holstein ist mit 3,54 Meter unter Normalnull der tiefste begehbare Punkt in Deutschland.

## Größte „Sandkiste“ der Welt

Der Strand von St. Peter-Ording an der schleswig-holsteinischen Nordseeküste ist zwölf Kilometer lang und bis zu zwei Kilometer breit. Das sind etwa zehn Millionen Quadratmeter Sand zum Sonnen und Sandburgenbauen!

## Höchste Achterbahn

Mit einer Höhe von 73 Metern ist der *Silver Star* im Europa-Park in Rust die höchste Achterbahn in Europa.

## Größte Holzachterbahn

Im Heide-Park bei Soltau in Niedersachsen, steht *Colossos*, die größte und schnellste Holzachterbahn Europas.

## Größte freitragende Halle

*Tropical Islands* ist ein Freizeitpark, südlich von Berlin. Mit 360 m Länge, 210 m Breite und 107 m Höhe ist sie die größte freitragende Halle der Welt.

## Höchstes Bauwerk

Der Berliner Fernsehturm ist mit 368 Metern das höchste Bauwerk in Deutschland.

## Meistbefahrene Wasserstraße

Der knapp 100 km lange Nord-Ostsee-Kanal durchquert Schleswig-Holstein von der Elbmündung an der Nordsee bis nach Kiel an der Ostsee und ist die meistbefahrene künstliche Wasserstraße der Welt.

## Wissenswertes

### Deutschland im Internet

Hier findest du ein paar interessante Links zu Internetseiten, auf denen du viele Informationen und Bilder zum Thema Deutschland bekommst.

**Deutschland und seine Bundesländer**

www.deutschland.de

www.schleswig-holstein.de

www.mecklenburg-vorpommern.de

www.niedersachsen.de

www.bremen.de

www.hamburg.de

www.brandenburg.de

www.berlin.de

www.nrw.de

www.sachsen-anhalt.de

www.hessen.de

www.thueringen.de

www.sachsen.de

www.rlp.de

www.saarland.de

www.baden-wuerttemberg.de

www.bayern.de

## Ausflugsziele in Deutschland

www.deutschland-tourismus.de

www.zoo-berlin.de

www.legoland.de

www.dinopark.de

www.karl-may-spiele.de

www.filmpark-babelsberg.de

www.serengeti-park.de

www.schloss-gottorf.de

www.sealife.de

www.hansapark.de

www.heide-park.de

www.tropical-islands.de

www.phantasialand.de

www.europapark.de

www.weltvogelpark.de

www.hagenbeck.de

www.miniatur-wunderland.de

www.wild-park.de

www.moviepark.de

# A-Z Stichwortverzeichnis

Hier siehst du alle wichtigen Begriffe zum Thema Deutschland von A wie Augsburg bis Z wie Zwickau.

W wie Wolfsburg

# Weitere Galileo-Kids-Bücher

## Dinosaurier

ISBN 978-3-86885-168-7

Lange vor den ersten Menschen bewohnten die Dinosaurier die Erde, die größten Lebewesen aller Zeiten. Aber was waren das für Tiere? Wo lebten sie? Wann und warum starben sie aus? Erfahre die Antworten auf einer spannenden Reise zurück in die Vergangenheit, als Tyrannosaurus Rex, Brachiosaurus und Co. die Welt beherrschten.

Mit Internettipps und Nachschlageregister.

## Piraten

ISBN 978-3-86885-169-4

Piraten auf den Weltmeeren verbreiteten einst Angst und Schrecken. Aber waren sie wirklich so gefährlich, wie man gemeinhin glaubt? Wie lebten sie eigentlich und was passierte mit ihren erbeuteten Schätzen? Und kennst du schon die berühmtesten Piraten? Erfahre die Antworten auf einer spannenden Reise zurück ins goldene Zeitalter der Piraterie.

Mit Internettipps und Nachschlageregister.

## Pferde

Pferde gehören seit jeher zu den faszinierendsten Tieren. Aber warum haben wir so ein inniges Verhältnis zu Pferden? Worin unterscheiden sich die Rassen, wie werden sie gehalten und welche Reitsportarten gibt es? Erfahre die wichtigsten Antworten auf einer abwechslungsreichen Reise vom Araber bis zum Shire Horse.

Mit Internettipps und Nachschlageregister.

ISBN 978-3-86885-170-0